Los tornados

William B. Rice

Los tornados

Asesor en ciencias

Scot Oschman, Ph.D.

Créditos

Dona Herweck Rice, *Gerente de redacción*; Lee Aucoin, *Directora creativa*; Timothy J. Bradley, *Responsable de ilustraciones*; Conni Medina, M.A.Ed., *Directora editorial*; James Anderson, Katie Das, Torrey Maloof, *Editores asociados*; Rachelle Cracchiolo, M.S.Ed., *Editora comercial*

Teacher Created Materials

5301 Oceanus Drive

Huntington Beach, CA 92649-1030

http://www.tcmpub.com

ISBN 978-1-4333-2155-9

Tabla de contenido

¡Aquí viene!

El cielo se pone gris primero y luego casi negro antes de volverse un color verde extraño y plomizo. El viento ululante azota con su látigo poderoso. La lluvia cae en un diluvio violento, y el granizo golpea la tierra. Las hojas y los **desechos** sobre la tierra se mueven de un lado al otro por el suelo y por el aire. Puede verse un embudo gris arremolinado que llega desde el cielo hasta la tierra. Ruge como un tren de carga mientras desgarra los terrenos a su paso. Las ramas se quiebran y árboles enteros se arrancan de raíz. El viento poderoso empuja y arroja por los aires todo lo que no está sujeto de algún modo. Aun las cosas sujetas con firmeza se sacuden y salen disparadas. Las paredes de ladrillos pueden venirse abajo y las ventanas pueden hacerse añicos. Hasta los edificios pueden desmoronarse.

En medio de toda esa confusión, las sirenas suenan y aúllan. Son el sistema de advertencia del pueblo para emergencias. ¡Estamos en medio de un tornado!

Cuando se oye la alerta, todo el mundo debe correr para ponerse a cubierto en un sótano o en algún otro refugio seguro. Un tornado puede ser una de las tormentas más violentas y poderosas que existe.

¿Cuántos?

Todos los años hay miles de tornados en el mundo.

¿Cómo se forma un tornado?

Un tornado es una columna de aire arremolinada, rápida y peligrosa con un **embudo** en forma de una nube descendente. Al entrar en contacto con la tierra, la nube actúa como una aspiradora. Los tornados se desplazan sobre la tierra a velocidades de alrededor de 50 kilómetros (30 millas) por hora.

Los científicos no saben exactamente por qué se forman los tornados, pero sí saben cuáles son las condiciones que los ocasionan. Las condiciones climáticas son la **humedad** y el calor, a los que se agrega la **elevación.**

La mayoría de las personas vio alguna vez una tormenta eléctrica. Las tormentas eléctricas están formadas por truenos y relámpagos. A menudo también incluyen lluvia, si bien ésta no está siempre presente. Los tornados suelen suceder durante tormentas eléctricas. Las tormentas eléctricas pueden devenir en **supercélulas**. Una supercélula es una tormenta eléctrica enorme que **rota**. Rotar significa dar vueltas en un círculo.

Una madre corre hacia un lugar seguro con su hijo.

Quédate donde estás y mantente a salvo

Es imposible ganarle a un tornado, por lo que lo mejor es ir a un lugar seguro cuando venga un tornado en camino.

¡Cuidado!

Los tornados pueden ocurrir en serie, uno tras otro. Una misma supercélula puede originar varios tornados.

La flecha en esta fotografía satelital de una supercélula muestra la ubicación de un nuevo tornado.

Un tornado se forma a partir de una supercélula.

¿Qué es?

La **atmósfera** es la masa de gases (aire) que rodea la Tierra y otros cuerpos en el espacio.

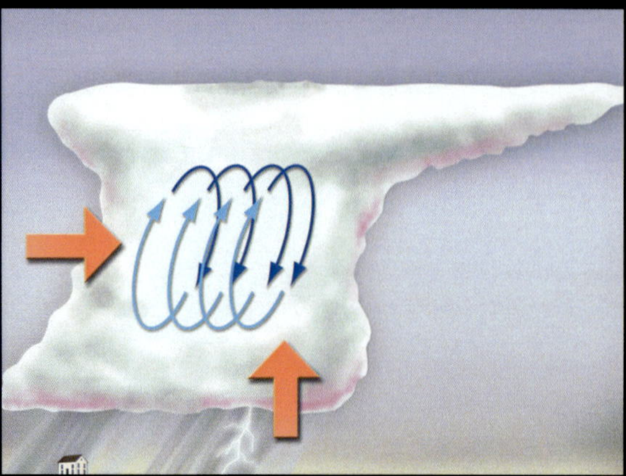

Dentro de una tormenta eléctrica puede desarrollarse una supercélula. En ella, los vientos ascienden, giran bajan y así sucesivamente, en un círculo.

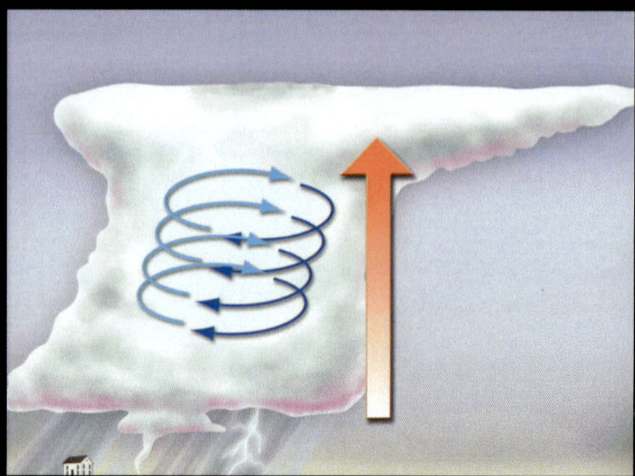

Una corriente fuerte ascendente de aire puede sacudir la supercélula hacia arriba y hacia abajo.

Las supercélulas rotan debido a los vientos. Primero se encuentran vientos potentes de diferentes temperaturas, los que provienen de distintos niveles de la atmósfera. Si se encuentran de la manera adecuada y con la fuerza suficiente, hacen que el temporal gire como si se tratara de un trompo. Esto genera una **corriente ascendente de aire** fuerte. Esta corriente eleva la supercélula. El tornado tiene lugar cuando el embudo de esta tormenta en rotación llega al suelo. Así, la célula puede aspirar viento y cualquier otra cosa que encuentre a su paso, tal como lo haría una aspiradora.

¿Cuán grande y cuán rápido?

Los tornados suelen tener menos de 500 metros (1,640 pies) de ancho, si bien pueden llegar a una anchura de 1.5 kilómetros (0.9 millas). Sus vientos se pueden desplazar a unos 500 kilómetros (300 millas) por hora. Por lo general, los tornados duran unos pocos minutos, pero pueden llegar a extenderse por más de una hora.

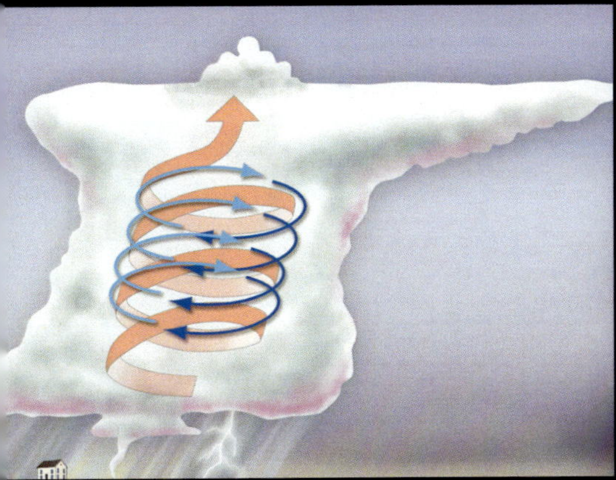

Si la supercélula vertical continúa, comienza a succionar viento y todo lo que encuentre a su paso. Es el nacimiento de un tornado.

Pero, ¿qué exactamente origina los vientos en primer lugar? La causa del viento es el Sol. El Sol calienta la Tierra, si bien no todo en ella se calienta de manera pareja. Cuanto más caliente esté un territorio, más se calienta el aire por encima de él. Este aire caliente asciende. Al hacerlo, aire más frío circula por debajo. Si el aire caliente sube con rapidez, el aire frío también se desplaza rápidamente. Esto es el viento.

A medida que el aire caliente asciende, comienza a enfriarse. Cuando se enfría, cae. Luego se apresura para ocupar el lugar del aire caliente en ascenso. Así continúa el ciclo del viento. Puede ser que este ciclo cree una brisa suave, pero también es posible que genere un tornado potente y violento.

¡Eso sí que es potente!

Los vientos de un tornado son tan fuertes que pueden clavar una brizna de paja en la madera como si se tratara de un clavo. También puede clavar madera en el metal. En esta imagen podemos ver un palo de golf ¡al que un tornado hizo atravesar la gruesa puerta de una cocina!

El aire caliente se eleva y arrastra al aire frío, para que éste tome su lugar. El aire que se eleva, se enfría y vuelve a caer hacia la superficie de la Tierra.

Por lo general, el viento es bastante calmante y hasta resulta placentero para las personas. Todo el mundo disfruta una brisa fresca en un día caluroso. Pero los vientos fuertes pueden ser aterradores debido al daño que pueden llegar a ocasionar.

T. Theodore Fujita confeccionó en 1970 la **Escala Fujita de tornados**. Ésta clasifica la fuerza del viento de acuerdo con su velocidad y efectos posibles.

Escala Fujita de tornados

F0

menos de 117 kph
(73 mph)

Daño leve

daño a chimeneas, ramas rotas, se tumban árboles con raíces poco profundas, daño a letreros

F1

117–180 kph
(73–112 mph)

Daño moderado

la superficie de los techos se levanta, las casas rodantes pueden tumbarse, el viento puede sacar del camino a carros en movimiento

F2

181–253 kph
(113–157 mph)

Daño considerable

los techos se arrancan de casas, destrucción de casa rodantes, la fuerza del vien arranca árboles con raíce grandes y puede levantar carros del piso y arrojarlos el aire

T. Theodore Fujita ➜

Las velocidades reales de los vientos de los tornados no se conocen; éstas son velocidades estimadas. El daño que el viento ocasiona a una determinada velocidad varía de un lugar a otro. La escala Fujita clasifica los tornados y su velocidad sobre la base del daño que causan.

F3

254–332 kph
(158–206 mph)

Daño grave

arrancan paredes de casas con buena construcción, se oltean trenes, la mayoría de os árboles se arrancan de z, la fuerza del viento puede evantar carros pesados del uelo y arrojarlos por el aire

F4

333–418 kph
(207–260 mph)

Daño devastador

destrucción de casas con buena construcción, estructuras enteras vuelan distancias mayores, los carros salen disparados como si fueran misiles

F5

419–512 kph
(261–318 mph)

Daño increíble

casas de estructura sólida, arrasadas, vuelan por los aires; los carros se desplazan por el aire más de 100 metros (109 yardas); se despega la corteza de los árboles

Noche arremolinada

En los Estados Unidos, entre el 3 y el 4 de abril de 1974, 148 tornados golpearon 13 estados en 16 horas. Ésta es la peor serie de tornados de la que se tenga registro en el mundo. Murieron más de 300 personas, más de 5,000 resultaron heridas, y miles de millas de tierra y propiedades sufrieron daños.

¿Dónde hay tornados?

Puede haber tornados en cualquier parte del mundo, pero sólo son comunes en algunos lugares y son bastante inusuales en otros. Por ejemplo, los científicos coinciden en que es poco probable que haya un tornado en la Antártica: la temperatura y la falta de humedad antártica no lo hacen posible. Pero otros lugares tienen las condiciones precisas. En lugares como ésos, hay tornados seguidos.

La mayoría de los tornados suceden en **"Tornado Alley"** (en español, el callejón de los tornados). Ésta es una zona que se extiende a lo largo de las Grandes Llanuras de los Estados Unidos. Va desde Dakota del Sur hasta Texas. De todos modos, puede haber tornados en cualquier lugar donde haya una tormenta eléctrica muy fuerte. En Australia hay tornados todos los años, al igual que en Canadá y en Sudáfrica. En China e India también suceden.

Zona de peligro

La mayoría de los tornados del mundo suceden en Tornado Alley. Muchos científicos creen que los tornados tienen lugar allí cuando el aire caliente y húmedo del Golfo de México se encuentra con el aire frío y seco de Canadá.

La gran razón por la que los tornados son tan comunes en Tornado Alley es porque esa zona tiene mucho de todo lo que necesita una tormenta para convertirse en tornado. ¿Qué son esas cosas? Son el calor, la humedad y la elevación.

El calor de Tornado Alley viene del Sol. La humedad viene más que nada del Golfo de México, y la elevación proviene de una línea seca de aire que se encuentra con el aire húmedo que proviene desde otra dirección. Esta combinación de elementos es perfecta a la hora del inicio de un tornado.

Hemisferio norte (giro en contra de las agujas del reloj)

Hemisferio sur (giro en sentido horario)

¿En sentido horario o al revés?

En el hemisferio norte, la mayoría de los tornados gira en contra de las agujas del reloj. En el hemisferio sur, la mayoría gira en sentido horario.

Torbellino

A los tornados también se les llaman torbellinos, porque el viento se arremolina a medida que la nube gira.

Cuando un tornado ataca, nadie sabe adónde irá. Tampoco puede predecirse dónde atacará en primer lugar. Aun cuando todas las condiciones sean exactas, es posible que el tornado no ocurra. También puede suceder de manera repentina y sorprender a todos.

Los tornados pueden seguir una ruta fija, pero también pueden cambiar fácilmente de dirección y alejarse del lugar al que se dirigían originalmente. Pueden incluso atravesar la calle de un pueblo y arrasar las casas de un lado de la calle casi sin tocar las del otro lado. Una vez que comienza un tornado, es casi imposible saber qué efectos tendrá.

Tromba de agua

Cuando un tornado sucede sobre el agua, se le llama **tromba de agua**. Esto tiene lugar cuando el aire caliente y húmedo se eleva rápidamente sobre el agua y se convierte en una columna de agua sobre el océano o sobre un lago. Así como el tornado succiona aire y otras cosas, la tromba de agua succiona agua y otras cosas. Hasta puede levantar peces del agua, llevárselos consigo y depositarlos en la tierra.

La ruta de un tornado, capturada por un satélite de la NASA.

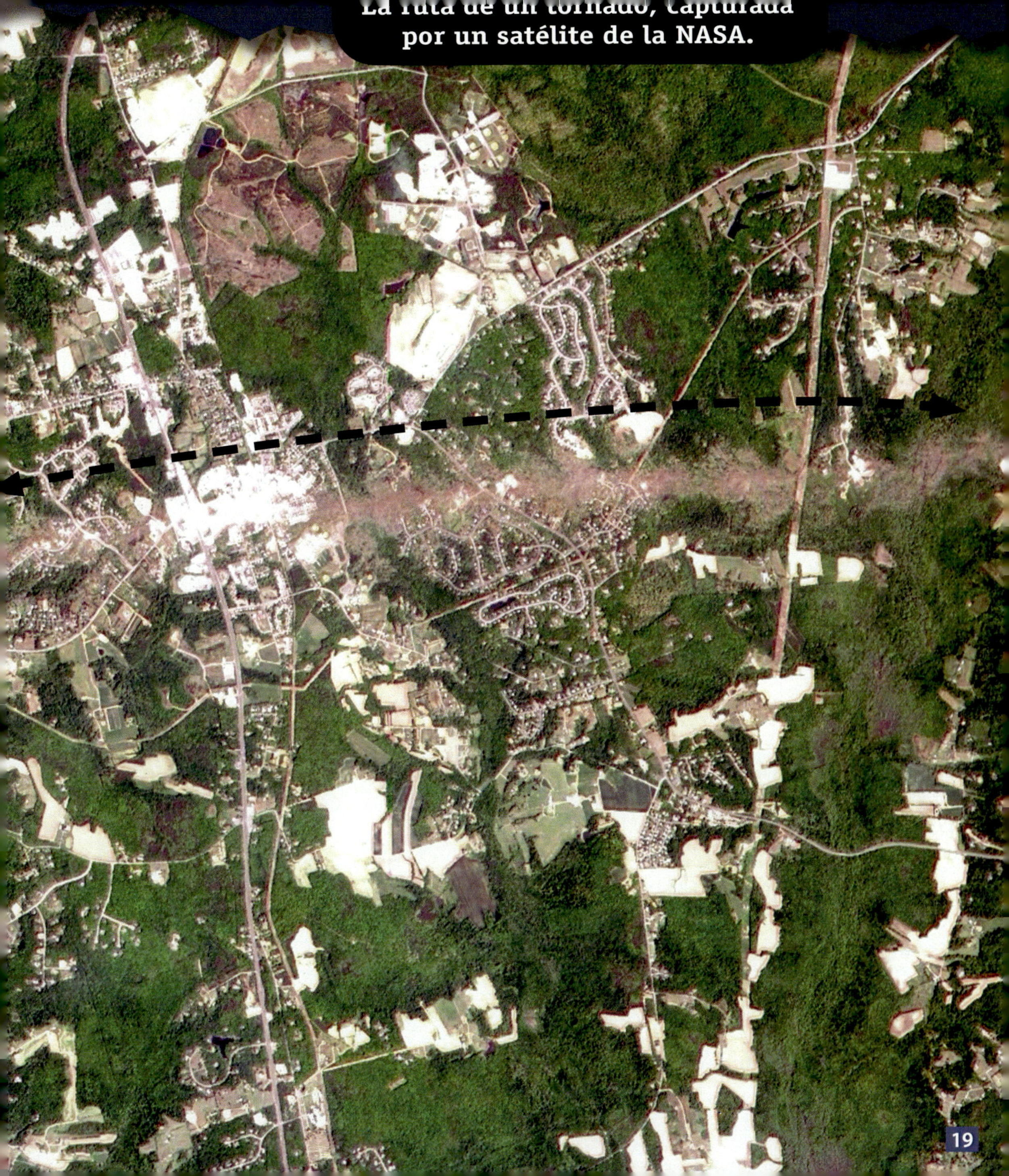

Torbellino de polvo

Aunque los torbellinos de polvo se parecen a perqueños tornados, no lo son. Se trata de un torbellino de viento con tierra, polvo y otros desechos. El torbellino de polvo de la foto sucedió en África.

Etapas de un tornado

comienzo

etapa de formación

etapa de maduraci

Después de un tornado

Los tornados son potentes. También pueden causar terror. Pero no duran para siempre. Los tornados comienzan cuando el embudo de una nube toca tierra y se desplaza sobre ésta. Al hacerlo, el tornado pierde fuerza. Es cada vez menos enérgico hasta que finalmente el embudo se hace más y más pequeño y desaparece en la nube. Ése es el final del tornado.

Es extraño imaginar un cielo despejado después de tal tormenta, pero eso es lo que se suele ver cuando termina un tornado: un cielo despejado y tranquilo.

Cuando el tornado desaparece, no es sólo un recuerdo. Deja gran destrucción detrás de sí.

En el mejor de los casos, el tornado golpea regiones no pobladas. En ese caso, puede arrancar árboles y arrojar piedras y otros desechos, pero nadie resulta herido. En el peor de los casos, el tornado golpea una zona densamente poblada. Las ventanas estallan y los tejados salen volando. Los carros salen despedidos por los aires. El tendido eléctrico cae, derribado. Los hogares y los edificios quedan destruidos, y las personas y los animales sufren heridas o mueren.

La ruta de un tornado es angosta, pero se trata de tormentas tan poderosas que sus daños pueden ser extensos. Después de un tornado, puede pasar mucho tiempo hasta que las cosas regresen a la normalidad.

El peor tornado de la historia

En 1970 murieron más de 500,000 personas cuando un potente tornado golpeó una región que ahora pertenece a Bangladesh.

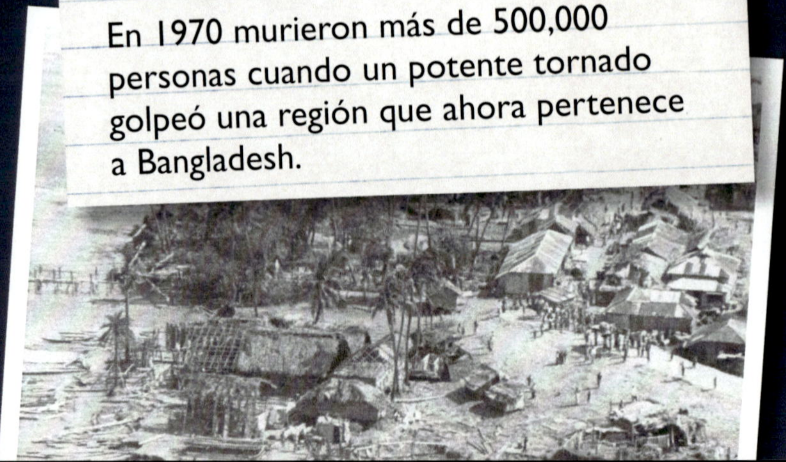

¿Qué hacer?

Cuando un tornado azota, las personas deben ponerse bajo cubierto. Cuando se sospecha que viene un tornado en camino, deben llevarse adentro objetos sueltos como muebles del jardín, juguetes y otros objetos. Luego, las personas se resguardan en refugios de tormenta subterráneos o en habitaciones y pasillos que no tienen puertas o ventanas al exterior. Es importante resguardarse en refugios para mantenerse a salvo.

un refugio de tormenta

daño ocasionado por un tornado

Un meteorólogo señala el gancho de un tornado en una imagen de radar. Este *gancho* es el indicio de un tornado en formación.

En el pasado, a las personas les resultaba difícil prepararse para un tornado ya que no tenían manera de saber cuándo o dónde sucedería. Hasta no hace mucho tiempo, los **meteorólogos** necesitaban ver los tornados antes de poder emitir una alerta. Pero ahora contamos con nuevas tecnologías. Los meteorólogos pueden observar cómo se forman las tormentas y pueden advertir a las personas con unos once minutos de anticipación. Esos once minutos pueden hacer una gran diferencia. Alertar a las personas con cierta anticipación puede ser insuficiente para prevenir muchos daños futuros, pero contribuye a que muchas más personas estén a salvo.

Cazadores de tormentas

No todo el mundo corre a refugiarse durante una tormenta. Los cazadores de tormentas hacen precisamente lo contrario. Quieren aprender todo lo posible sobre los tornados, por lo que siguen las tormentas con la esperanza de acercarse cuanto puedan a un tornado y poder estudiarlo de cerca. Esto es muy peligroso, pero cuanto más aprendan, mejores serán nuestras predicciones de tornados en el futuro.

Una meteoróloga rusa toma mediciones en el campo.

Laboratorios móviles reúnen información sobre una supercélula en Kansas.

Un meteorólogo indonesio estudia datos provenientes de fotografías satelitales.

¿Se pueden detener los tornados?

A lo largo de la historia, los científicos han buscado maneras de detener los tornados debido a los grandes daños que pueden causar. Las personas quisieran que los tornados terminen pronto o incluso que no se formen.

Los científicos tuvieron muchas ideas al respecto. Algunos pensaron que arrojar hielo seco a la tormenta pondría fin al tornado, pero sería prácticamente imposible dar con el hielo en el lugar preciso. Además, es probable que eso tampoco haga una gran diferencia. ¡Otros hasta pensaron en detonar una bomba para detener un tornado! Pero una bomba puede causar aun más daño que el propio tornado.

Lo cierto es que, aun si se pudiera detener un tornado, es probable que la tormenta sencillamente generara otro. Las tormentas eléctricas son algo poderoso. Son incluso más poderosas que los tornados que generan.

Detener un tornado parece improbable. Es mejor que los científicos inviertan su tiempo en aprender por qué, cómo y dónde se forman los tornados. Cuanto antes puedan predecir un tornado, más seguras estarán las personas. Eso es lo más importante de todo.

Laboratorio: Tornado embotellado

Para ver qué sucede cuando se forma un embudo dentro de un tornado o un huracán, haz este experimento. Observa cuidadosamente y toma algunas notas sobre lo que veas.

Materiales

- dos botellas plásticas
- cinta para ductos
- agua

Procedimiento:

1. Llena una de las botellas hasta la mitad o las tres cuartas partes con agua.
2. Coloca juntos los extremos abiertos de las botellas; ponlas cuello con cuello.
3. Asegura los dos cuellos de las botellas con la cinta para ductos. Envuélvelos en cinta de modo que la unión quede plana y pareja.
4. Dales vuelta a las botellas y agítalas en círculo, de manera que el agua gire a través de las aberturas y cree un remolino.
5. Observa lo que sucede. ¿Qué te indica sobre los tornados y los huracanes?

1

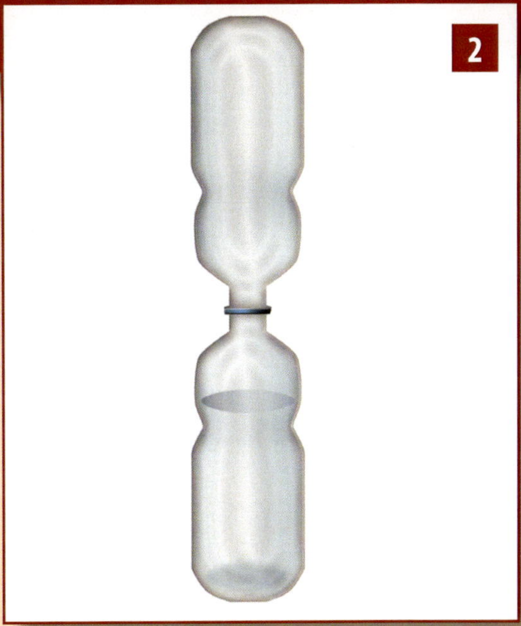
2

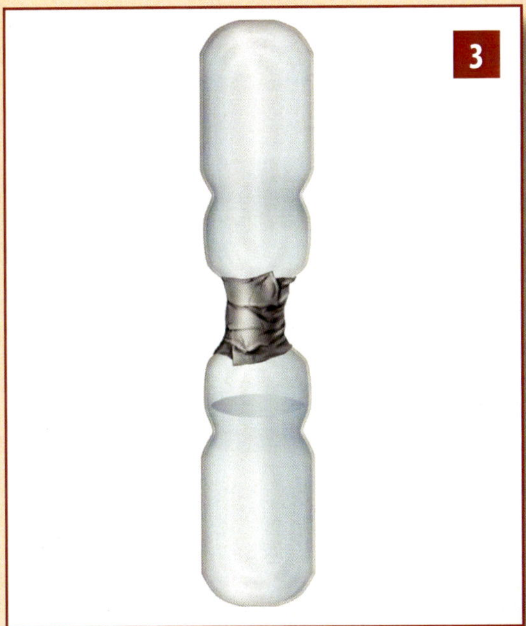
3

4

Glosario

atmósfera—masa de gases que rodea la Tierra o cualquier otro cuerpo en el espacio

corriente ascendente de aire—aire que se mueve hacia arriba

desechos—residuos sueltos

elevación—fuerza que eleva algo

embudo—cono hueco abierto en los dos extremos con un extremo más ancho que el otro

Escala Fujita de tornados—escala de clasificación desarrollada en 1970 por el científico T. Theodore Fujita para categorizar los tornados y su fuerza relativa

humedad—calidad de aire que está lleno de líquido

meteorólogos—científicos que estudian el clima

rota—se mueve en círculo

supercélulas—tormentas en rotación

tornado—tormenta de viento destructiva con una nube en forma de embudo que se extiende hasta la tierra

Tornado Alley—región de los Estados Unidos que sufre cientos de tornados al año

tromba de agua—tornado sobre el océano o sobre un lago que succiona agua

Índice

Científicos de ayer y de hoy

John Dalton
(1766–1844)

A John Dalton se lo conoce más que nada por su estudio de los átomos, pero también estudió el clima. ¡Mantuvo un registro diario de los patrones meteorológicos de su pueblo desde 1787 hasta 1844! Llegó a utilizar equipos caseros para medir el clima. Muchos creen que el diario de Dalton contribuyó al surgimiento del estudio científico del clima que hoy se conoce como meteorología.

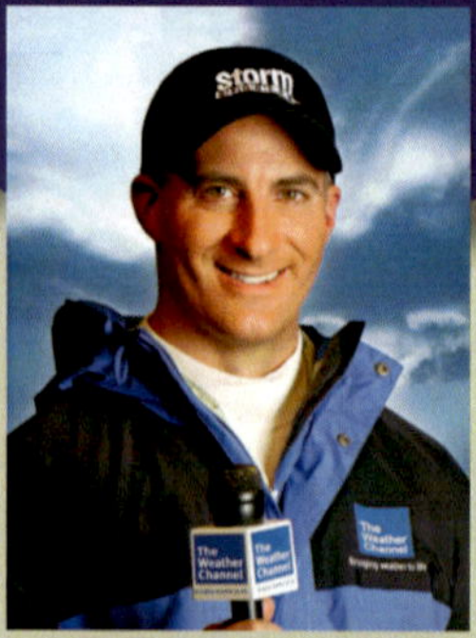

Jim Cantore
(1964–)

Jim Cantore es un meteorólogo del canal de televisión The Weather Channel. Estudia el clima desde que era un niño. ¡Los compañeros de escuela de Cantore solían llamarlo para pedirle que pronosticara el clima! En la actualidad, ofrece pronósticos del clima para personas en todas partes del mundo y contribuye a la seguridad de las personas al decirles cuándo y dónde azotará la próxima tormenta.

Créditos de las imágenes

Portada: Newscom; p.1: Newscom; p.4: Michal Strzelecki/Shutterstock; p.4-5: Gregor Kervina/Shutterstock; p.6: Mike Agliolo/Photo Researchers, Inc.; p.6-7: A. T. Willett/Alamy; p.7: NOAA; p.8-9: Tim Bradley; p.9: Tim Bradley; p.10: Jim Reed/Photo Researchers, Inc.; p.10-11: Stephanie Reid; p.12 (izquierda): Jonathan Lenz/Shutterstock; p.12 (centro): Slobodan Djajic/Shutterstock; p.12 (derecha): Lilac Mountain/Shutterstock; p.13 (izquierda): Susan Law Cain/Shutterstock; p.13 (centro): Steve Byland/Shutterstock; p.13 (derecha): Diana Lundin/Shutterstock; p.13 (arriba): cortesía de la Universidad de Chicago; p.14-15: Newscom; p.15: Tim Bradley; p.16: Stephanei Reid; p.16-17: Katherine Bay/Jim Reed Photography/Photo Researchers, Inc.; p.17 (derecha): Joe Lertola; p.18: Dark o/Shutterstock; p.19: NASA; p.20-21: Kondrachov Vladimir/Shutterstock; p.20-21 (abajo): NOAA Photo Library, NOAA Central Library; OAR/ERL/National Severe Storms Laboratory (NSSL); p.22: Harry Koundakjian/AP; p.22-23: Mike Theiss/Science Photo Library/Photo Researchers; p.23: Larry Miller/Photo Researchers, Inc.; p.24 (izquierda): Lisa F. Young/Shutterstock; p.24 (derecha): NOAA; p.25: Mike Berger/Photo Researchers, Inc.; p.26 (izquierda, arriba): Vladimir Sayapin/ITAR-TASS/Newscom; p.26 (derecha, arriba): Jim Reed/Photo Researchers, Inc.; p.26 (abajo): Adek Berry/AFP/Newscom; p.28-29: Tim Bradley; p.32 (izquierda): Biblioteca del Congreso de los EE.UU.; p.32 (derecha): cortesía de The Weather Channel, Inc.